JN046136

joba's

SIMPLE BASIC

5 items for 100 looks

三條場夏海

（BEAMS SALON / JOIÉVE ディレクター）

PROLOGUE

はじめに

この本を手に取っていただいたみなさん、
はじめまして、三條場夏海です。

私は"着飾るおしゃれ"が得意ではありません。
だから、私のコーディネートはとってもシンプルです。

この本では、難易度の高いおしゃれが苦手な、シンプル至上主義の私が
すべて私物で100体コーディネートを提案させていただきました。
これを読めば、きっとどなたでも真似ができて
かつ自分らしくアレンジした着こなしも楽しめると思います。

でも実は、全体を見たときのバランスや
女性なら忘れることのできないヘアやメイク、小物使いには
とことんこだわりを持っています。

シンプルなコーディネートと、ほんのりと色気を感じるレディなエッセンス。
お洋服だけでは完成しない様々な要素が含まれているのです。
そんな私の考える"SIMPLE BASIC"に共感していただけたらうれしいです。

これを読んだ今日から、
素敵なコーディネートとともにキラキラとした毎日が訪れますように……！

joba's SIMPLE BASIC
for independent women

たった5着のベーシック服があれば
毎日のコーディネートに悩みません

私たち女性のライフスタイルやライフステージは様々。
それぞれが忙しい毎日を送っていますよね。
悩みも様々で、私のフォロワーのみなさんからは

"毎朝のコーディネートがなかなか決まらない"
"自分に何が似合うのかわからない"

こういった声が数多く寄せられています。

そこで私が提案したいのが、この5着を味方に付けること。

「白T」「デニム」「黒ニット」「スウェット」「シャツ&ブラウス」

これらのベーシックなアイテムを"軸"として考えれば
無理なく、悩まず、洗練されたコーディネートが完成するのです。

そして、あれこれと複雑なレイヤードを考えなくても大丈夫。
コーディネートはシンプルであればあるほど、
女性としての魅力が最大限に引き出されると思うからです。

毎日、自分に自信を持てる"三條場流シンプルベーシック"。

この本でアイテムの選び方・合わせ方のコツをお伝えしていきます。

CONTENTS

Special Contents

joba's SIMPLE BASIC

Chapter 1

WHITE T-SHIRTS

[白T編]

001

モフモフのファーコートは、
注意しないと豪華に見えすぎてしまうのがネック。
中にカジュアルなTシャツを入れるのが
バランスを保つポイントです。ヘアも華やかに
なりすぎないように、ポニーテールで。

T-shirt：Hanes × BEAMS
coat：STAND STUDIO
pants：BEAMS LIGHTS
earrings：MARIA BLACK
bag：JIL SANDER
shoes：converse

this is my rule of
WHITE T-SHIRTS

まっさらで飾らない白Tが
いつでも似合う自分でありたい

シンプルベーシックにまず欠かせないのが白T。

どんなテイストにも合わせられる切り札のような存在です。

ただし、飾りのない服だからこそ、着る人の本質的な部分を"鏡"のように映し出します。

体型や肌のコンディションが良いときはよく馴染んでくれるけれど、

コンディションが悪いときはそれが露骨に伝わってしまう……。

だから、「白Tが似合うね」は最高の褒め言葉。

いつでも白Tが似合う"最高の自分"でいるために、日頃のケアを怠りません。

joba's
SIMPLE BASIC ITEMS
—
Selection of WHITE T-SHIRTS

item 01
PETIT BATEAU
プチバトー

**何を合わせても
レディスタイルになる名品**

もう何枚もリピートしているマイ定番。
何に合わせても女性らしくまとまるので
欠かせないTシャツです。最大の魅力は、
身体のラインに沿うフィット感。これが似合うために
ダイエットを続けているくらいです（笑）。
ピタピタすぎず、下着のラインを
拾わないサイズのものを愛用しています。

item 02
Hanes × BEAMS
ヘインズ × ビームス

**女性の身体にも馴染む
メンズTシャツの定番**

メンズテイストを取り入れたいときに選ぶのが
ヘインズのパックTシャツ。
私はメンズのJapan Fit Sサイズがお気に入りです。
メンズT特有の硬い生地や大きすぎるサイズは
苦手なのですが、このヘインズは柔らかくて、
程良いクタッと感があり、
女性の身体に馴染みやすいところが優秀です。

三條場流シンプルベーシック

3つの白T、
3つの理由

ひとくちに白Tと言っても、
レディなきれいめ系、ヘルシーなカジュアル、
メンズライクなど、テイストは様々。
クルーネックを基本としつつ、
なりたいイメージに合わせて使い分けます。

013

item 03

THE INTERNATIONAL IMAGES COLLECTION

ザ インターナショナル イメージズ コレクション

無地にはない遊び心を加えられる
モノクロのフォトTも便利

TシャツはボトムにINするのが私の基本ですが、
スキニーやロングスカートではOUTすることも。
そんなときに活躍するのが、やや大きめサイズの
フォトTです。チープに見えない厚手の生地で、
色数が少ないモノクロのプリントがおすすめ。
全体的にゆったりとしつつも
肘が見えるくらいの袖丈がマイルールです。

002

ダメージ入りでやや太めの
カジュアル感が強いデニムも
プチバトーを合わせることで
女っぽさをさりげなく演出。
髪はカチューシャでラフにまとめ、
バッグは大きめの黒レザーを。
ゴールドのバックルがアクセントです。

T-shirt：PETIT BATEAU
pants：RE/DONE
hair accessory：H&M
bag：SAINT LAURENT
shoes：NEBULONI E.

015

003

白T×ハリ感のあるスカートは
簡単に上品にまとまるのに
程良くラフ感があって好みのスタイル。
スカートのボリュームが
しっかりあるので、トップスにも
ニットを肩がけすると
重心のバランスが取れます。

T-shirt：Hanes × BEAMS
knit：VONDEL
skirt：ebure
earrings：MARIA BLACK
bag：CELINE
shoes：Manolo Blahnik

joba's
SIMPLE BASIC STYLE
—

WHITE T-SHIRT Coordination

004

ヘインズのコットン素材と
厚手なスウェットとの相性が抜群。
メンズライクなコーディネートなので、
小物は黒のレザーでピリッと締め、
ポインテッドトゥのパンプスで女らしさを。

T-shirt：Hanes × BEAMS
sweat shirt：AK+1
pants：SERGE de bleu × Demi-Luxe BEAMS
earrings：MARIA BLACK
bag：CHRISTIAN VILLA × Demi-Luxe BEAMS
shoes：Manolo Blahnik

005

006

カジュアルなミリタリージャケットのインナーは
ボディラインの出るプチバトーがマッチ。
落ち感のきれいなとろみスカートを合わせて
ミリタリーを女性らしく着るという
コントラストを楽しみます。

T-shirt：PETIT BATEAU
outer：ROTHCO
skirt：EDIT. FOR LULU
glasses：Oliver Peoples
earrings：MARIA BLACK
bag：HEREU
shoes：LE PETIT TROU

Tシャツとボリュームスカートによる
フィット＆フレアなシルエットでまとめた
オールホワイトスタイル。
足元にはあえてスニーカーを合わせ
フェミニンだけで終わらない印象に。

T-shirt：PETIT BATEAU
skirt：JIL SANDER
sunglasses：CELINE
earrings：Ray BEAMS
bag：HEREU
shoes：New Balance

007

フォトTを主軸にした
辛口なモノトーンコーディネートに、
ひとさじの女っぽさをプラス。
バッグでベージュを加えると
ムードが一気に柔らかくなります。

T-shirt：THE INTERNATIONAL IMAGES COLLECTION
knit：Demi-Luxe BEAMS
skirt：AK+1
earrings：MARIA BLACK
bag：CELINE
shoes：Manolo Blahnik

008

009

ネイビーのパンツにブルーのバッグを合わせた、
クリーンさが魅力のスタイルです。
ウエストが絞られたパンツには、
ヘインズのように程良くゆとりのある
TシャツをINするときれいなバランスに。

T-shirt：Hanes × BEAMS
pants：BEAMS LIGHTS
hair accessory：Alexandre de Paris
necklace：Ray BEAMS
bag：THE ROW
shoes：Flattered

上品なウール素材のベージュパンツに
やや厚みのあるTシャツを合わせたのがカギ。
上下で合わせる素材の厚みを意識することで
バランスを保ちやすくなります。
バッグはパンツの色に近いものをセレクト。

T-shirt：THE INTERNATIONAL IMAGES COLLECTION
pants：Max Mara
earrings：Ray BEAMS
bag：CELINE
shoes：NINA RICCI

010

011

TシャツはボトムにINするのが私の基本ですが、
スキニーでOUTスタイルにするのもたまにはアリ。
サングラスや大きめのバッグ、
スポーティなサンダルを合わせて、
ヘルシーなカジュアルを楽しみます。

T-shirt：THE INTERNATIONAL IMAGES COLLECTION
pants：Acne Studios
sunglasses：Oliver Peoples
earrings：MARIA BLACK
bag：YOUNG&OLSEN × BEAMS LIGHTS
shoes：PRADA

きちんと感のあるジャケットのセットアップに
あえて、かごバッグを持って抜け感を演出。
ゆとりのあるフォルムのジャケットなので
Tシャツもヘインズでメンズ感を堪能します。
でも、足元で大人の女性をアピール。

T-shirt：Hanes × BEAMS
jacket：BEAMS LIGHTS
pants：BEAMS LIGHTS
sunglasses：Oliver Peoples
necklace：Ray BEAMS
bag：HEREU
shoes：Manolo Blahnik

012

013

TシャツをボトムにINするときは、
トップスがボトムに響かないことも重要。
スカートが細身シルエットや薄地の場合は、
しっかりとフィットするプチバトーが正解です。
足元は抜け感のあるビーサンをチョイス。

T-shirt ： PETIT BATEAU
skirt ： EDIT. FOR LULU
earrings ： MARIA BLACK
bag ： JIL SANDER
shoes ： Havaianas

ピンクのパンツを穿くときは、
甘すぎない仕上がりを意識します。
リネンパンツならではの素材の風合いと、
素足で履くローファーによって
決めすぎないリラックス感が生まれます。

T-shirt ： Hanes × BEAMS
pants ： LAQUINTANE
sunglasses ： Oliver Peoples
bag ： HEREU
shoes ： F.LLI GIACOMETTI

014

コンサバ風のパンツをフォトTの力で違った表情に。
上下のベースがモノトーンだから
カジュアルトップス×きれいめボトムの組み合わせも
着こなしやすいはずです。仕上げにピンクニットを
肩がけして、可愛げエッセンスをプラス。

T-shirt：THE INTERNATIONAL IMAGES COLLECTION
knit：INSCRIRE
pants：Demi-Luxe BEAMS
sunglasses：BLANC
bag：THE ROW
shoes：converse

015

柔らかいベージュトーンを丁寧に重ねたスタイル。
ロングコートとフルレングスパンツのボリュームある
組み合わせも、ちらりと覗くインナーを
カジュアルな白Tにすることで
さりげなく軽さを出せます。

T-shirt：Hanes × BEAMS
coat：IVY & OAK × Demi-Luxe BEAMS
pants：Shinzone
sunglasses：CELINE
necklace：LAURA LOMBARDI
bag：A VACATION
shoes：PELLICO

016

フォトTのインパクトに負けない
鮮やかなグリーンスカートを選んで、
アイテムの持つ強さのバランスを揃えました。
きつい印象にならないように
ヘアはラフなダウンスタイルで女っぽく。

T-shirt：THE INTERNATIONAL IMAGES COLLECTION
skirt：JOIÈVE
earrings：MARIA BLACK
bag：ATP atelier
shoes：ATP atelier

017

ホワイトとブラックの2色だけだと
辛口すぎる印象になりますが、
ブラウンベージュのストールを加えるだけで
一気に女性らしい柔らかさが出せます。
ミニバッグもストールの同色系で揃えました。

T-shirt：PETIT BATEAU
pants：THE SHISHIKUI
sunglasses：CELINE
bag：CELINE
stole：BEAMS LIGHTS
shoes：Manolo Blahnik

018

ピンクを思いきり楽しんで着るときは、
スパイスになるアイテムを投入します。
このコーディネートでは、モノクロのフォトT。
さらにバッグやシューズを黒で締めることで、
ピンクがきれいに映えるスタイリングに。

T-shirt：THE INTERNATIONAL IMAGES COLLECTION
coat：uncrave
pants：Nanushka
earrings：Ray BEAMS
bag：SAINT LAURENT
shoes：Manolo Blahnik

019

020

ワンピースと、インナー使いしたTシャツとの
トーンを揃えることで重ね着感を抑えてまとまりを。
かごバッグのレザーハンドルや
足元のコンバットブーツが、ほっこりしない
辛口レディスタイルの決め手になります。

T-shirt ：Hanes × BEAMS
dress ：MW
earrings ：Ray BEAMS
bag ：HEREU
shoes ：ATP atelier

ゆとりあるパジャマ風パンツにはプチバトーを。
ボディラインの出るフィット具合が
フェミニンなエッセンスとなり、バランスが整います。
チェーンバッグとヒールでさりげなくリッチ感をプラス。
ラフなエコバッグと2個持ちするのも好きです。

T-shirt ：PETIT BATEAU
pants ：unfil
earrings ：MARIA BLACK
bag ：CHANEL
bag ：Isabel Marant Étoile
shoes ：CHEMBUR

the secret of
MINI BAGS

仕上げのミニバッグがないと
私のスタイルは完成しません

私にとってミニバッグはアクセサリー的な存在。コーディネートがかなりシンプルなので、バッグを足して初めてスタイリングが完成すると言って良いくらい。服が80%、バッグが20%でやっと100%になるイメージです。そのおかげで、出社後や友人宅に遊びに行ってバッグを置くと、シンプルすぎて困ることも（笑）。まるでショートケーキのイチゴみたい。大きなバッグも素敵だけど、バッグは"小さい"というだけで女性らしく華奢な印象になるので、やっぱりミニがおすすめです。ちなみに私が愛用するミニバッグは、それぞれに役割があります。例えば、シャネルのバッグはストラップのチェーンが華やかさを足してくれたり、ザ・ロウのサテンバッグは着こなしにツヤとリラックス感を与えてくれたり。また、バッグに金具のデザインがあるかどうかで、ピアスやネックレスのバランスも変えています。どんなコーディネートも一瞬にしてレディに仕上げてくれる、そんな"ミニバッグの魔法"に夢中です。

CHANEL

THE ROW

BOTTEGA VENETA

joba's SIMPLE BASIC

/

Chapter 2

DENIM

[デニム 編]

021

パステルピンクのタートルニットが主役。
薄いカラーなので全体がぼやけないよう、
デニムはブルーよりも
ブラックをセレクト。
カチューシャやミニバッグで、
レディなエッセンスもプラスします。

denim : THE SHISHIKUI
knit : giu giu
hair accessory : H&M
bracelet : PERRINE TAVERNITI
bag : THE ROW
shoes : NINA RICCI

this is my rule of
DENIM

デニム＝カジュアルでなく
女っぽく穿くのがルールです

私にとってデニムとは、シンプルベーシックな服選びの"基準"。

何か新しい服を買い足すときに、"デニムに合わせやすいかどうか"で

決めることがあるほど、重要な存在です。

特にシルエットは、シーズンごとにトレンドが少しずつ変わるので

スタイリングの際に"古さ"が出ないよう随時アップデートしています。

カジュアルなイメージが強いかもしれませんが、あくまで女らしく穿くのがマイルール。

身体のラインをきれいに見せてくれるデニムにこだわってとことん試着します。

joba's
SIMPLE BASIC ITEMS

—

Selection of DENIM

item 01
LEVI'S
リーバイス

薄いウォッシュブルーと
ハイウエストが特徴の王道デニム

リーバイスのデニムはたくさん持っていますが、
その中でもこちらはゆるすぎないシルエットや
ハイウエスト具合が絶妙で、いちばん活躍。
多少キツくても、ウエストがフィットする23インチを愛用。
色はきれいめに穿ける薄いブルーがおすすめです。
ミュールやバレエシューズと合わせたいので、
足首が少し覗くくらいの丈がベスト。

item 02
THE SHISHIKUI
シシクイ

ブルーデニムでは出せない
フォーマル感がブラックデニムの魅力

スタイリストの百々千晴さんが手がけるブランドの1本。
ハイウエストで、スキニーよりもややゆとりのある
シルエットがお気に入りです。
ブラックデニムはブルーデニムよりもきれいめに穿けるので、
コーディネートを工夫すればレストランにも行けるくらい
汎用性が抜群。ヒールとの相性も良いので、
足首を見せるレングスに微調整しています。

三條場流シンプルベーシック

3つのデニム、
3つの理由

定番ブランドのハイウエストブルーデニムと、
レストランも行けるブラックデニム、
そして、気負いのないゆったりフォルムのブルーデニム。
これら3タイプを揃えておけば無敵!!
靴とのバランスを重視して、丈にもこだわります。

item 03

CELINE

セリーヌ

コーディネートをこなれさせる
ゆったりフォルムのブルーデニム

少しボーイッシュな印象の
ゆったりしたフォルムのブルーデニムは、
ウエスト位置もハイではなくジャスト。
"頑張っている感"がなく、ハイウエストでは出せない
余裕のあるコーディネートに
仕上げられる心強いアイテムです。
裾は長めに設定し、ときには捲って変化を。

022

ビッグシルエットのアウターのときは
デニムもタイトなものより
少し余裕のあるシルエットのほうが、
アウターが悪目立ちせず着こなしやすい。
ヘアはコンパクトにまとめることで
全体のバランスをとります。
シルバーのポインテッドトゥもアクセントに。

denim：CELINE
coat：Max Mara
knit：AURALEE
earrings：MARIA BLACK
bag：HEREU
shoes：PELLICO

034

023

夏のデニムスタイルは
キャミソールで肌見せを楽しむことも。
肌見せ初心者なら、ぜひデニムから
始めてみて。いやらしさのない、
ヘルシーな着こなしが完成するはず。
足元もミュールを合わせて軽やかに。
肌見せを上品に仕上げる小物選びを。

denim：LEVI'S
top：eos
hair accessory：H&M
bracelet：CELINE
bag：THE ROW
shoes：Manolo Blahnik

トップスとパンプスのグリーンの色合わせに、
パキッとした白のバッグを挟むことで
メリハリを出したスタイル。
淡いブルーデニムだからこそ叶う
爽やかなカラーブロッキングを楽しみます。

denim：LEVI'S
knit：AURALEE
earrings：MARIA BLACK
bag：JIL SANDER
shoes：CHEMBUR

025

026

ジャケットスタイルのインナーは、
デコルテの見えるデザインを選ぶと
程良い女らしさがミックスされます。
ブラックデニムでピリッと締めつつ、
トラッドなバッグやローファーを合わせました。

denim：THE SHISHIKUI
jacket：CINOH
tank-top：Hanes for BIOTOP
earrings：MARIA BLACK
bag：CELINE
shoes：F.LLI GIACOMETTI

私の超定番スタイルといえばこちら。
プチバトーの白Tとハイウエストデニムの
黄金比率です。潔いほどシンプルですが、
ミニバッグやミュール、フープピアスなどの
小物でしっかりとレディ感を演出します。

denim：LEVI'S
T-shirt：PETIT BATEAU
earrings：MARIA BLACK
bag：BOTTEGA VENETA
shoes：Manolo Blahnik

038

027

後ろ姿で大人のヘルシーさを表現。
秋も背中を見せたスタイルを楽しみます。
フォーマル寄りなブラックデニムが持つ
ピリッとした大人の女性らしさを
ヒールとチェーンバッグでさらに加速させます。

denim：THE SHISHIKUI
top：INSCRIRE
earrings：MARIA BLACK
bag：CHANEL
shoes：NEBULONLE.

028

029

夏に楽しむラフなデニムスタイル。
バッグもエコバッグにチェンジして
こなれ感をアップさせます。
サングラスとビーサンの
真夏限定セットでとことんアクティブに。

denim：LEVI'S
tank-top：REIGNING CHAMP
sunglasses：Oliver Peoples
bag：Isabel Marant Étoile
shoes：Havaianas

モノトーンベースで完成させたクリーンなスタイル。
Tシャツがゆったりめサイズで
メンズライクなカジュアル感が強いので、
ブラックデニムとポインテッドトゥのヒールを合わせて
ピリッとした女っぽさを忘れずに。

denim：THE SHISHIKUI
T-shirt：10 Culture
earrings：MARIA BLACK
bag：JIL SANDER
shoes：CELINE

030

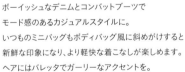

ボーイッシュなデニムとコンバットブーツで
モード感のあるカジュアルスタイルに。
いつものミニバッグもボディバッグ風に斜めがけすると
新鮮な印象になり、より軽快な着こなしが楽しめます。
ヘアにはバレッタでガーリーなアクセントを。

denim：CELINE
T-shirt：CAN PEP REY
hair accessory：Alexandre de Paris
bag：CELINE
shoes：ATP atelier

031

私の冬の超定番スタイルです。
シンプルな組み合わせですが、フィットする
アイテム同士で身体のラインを見せることで
女性らしさを自然に際立たせます。
黒に馴染むダークグリーンのミニバッグを。

denim：LEVI'S
knit：Demi-Luxe BEAMS
hair accessory：Alexandre de Paris
earrings：MARIA BLACK
bag：CELINE
shoes：Manolo Blahnik

032

033

全体がゆるっとしたシルエットのラフ感を
マノロ・ブラニクのポインテッドトゥで締めました。
さらにサングラスもONすれば完璧。
ゆるさの中にエッジを効かせる遊びが
大人の余裕を感じさせるスタイリングに。

denim：CELINE
knit：Isabel Marant Étoile
sunglasses：CELINE
earrings：MARIA BLACK
bag：YOUNG&OLSEN × BEAMS LIGHTS
shoes：Manolo Blahnik

デニムをボリュームのあるアイテムと合わせるときは、
必ずヒップラインが細身でタイトなものに。
ボリュームあるダウンに対してバッグはミニサイズを。
足元はごつめのコンバットブーツで
上下の重量感のバランスをとるのもカギです。

denim：LEVI'S
outer：Rocky Mountain Featherbed
top：INSCRIRE
sunglasses：CELINE
earrings：Ray BEAMS
bag：BOTTEGA VENETA
shoes：ATP atelier

034

035

ニューバランスのスニーカーを軸に
スタイリングしたコーディネート。
ピンク×グレーは永遠に好きな組み合わせです。
白ソックス合わせもポイントなので、
しっかりとそれを見せられるレングスのデニムを。

denim：LEVI'S
coat：uncrave
top：AURALEE
sunglasses：CELINE
bag：ATP atelier
shoes：New Balance

全身ブラックのときはトップスとボトムスで
素材の質感を変えるとメリハリが生まれます。
また、サンダルで肌の見える量を増やし
サングラスもクリアフレームを選べば
重たい印象にならず、すっきりした印象に。

denim：THE SHISHIKUI
T-shirt：AURALEE × Ron Herman
sunglasses：Oliver Peoples
bag：HEREU
shoes：PRADA

036

大人だってキャップをかぶりたい。
そんなときは、レザーのショルダーバッグや
ハイウエストデニム、華奢なヒールの出番です。
スポーティな要素は1か所だけに。
この計算されたバランスが重要です。
赤リップも忘れずに。

denim : CELINE
tank-top : Edition
cap : Deuxième Classe
earrings : MARIA BLACK
bracelet : PERRINE TAVERNITI
bag : SAINT LAURENT
shoes : NEBULONI E.

037

038

きれい色トップスを主役にするときは、
あえて同系色を重ねて奥行きのある着こなしに。
透け感のあるカットソーの淡いブルーが
映えるように、ニットやミュールで
ブルーのグラデーションをつくりました。

denim：THE SHISHIKUI
top：EDIT.FOR LULU
knit：CINOH
earrings：MARIA BLACK
bag：Ray BEAMS
shoes：Manolo Blahnik

トップスに選んだのはレトロなペプラムブラウス。
野暮ったい印象にならないように、
こなれたシルエットの
セリーヌのデニムとコーディネートしました。
チェーンバッグやカチューシャも相性抜群。

denim：CELINE
blouse：ISABEL MARANT
hair accessory：Alexandre de Paris
earrings：MARIA BLACK
bag：CHANEL
shoes：ELIN

039

040

カジュアルなボーダーカットソーを
あえてエレガントにスタイリング。
黒ベースのシックなボーダーをチョイスし、
パールネックレスやボルドーのミュールなど、
レディなエッセンスを散りばめました。

denim：THE SHISHIKUI
top：AUBERGE
sunglasses：CELINE
necklace：Ray BEAMS
bag：SAINT LAURENT
shoes：ELIN

ピンクのVネックカーディガンに
ミニバッグとドットモチーフ入りパンプスで
キュートな要素をたっぷりと投入。
逆にデニムはボーイッシュなタイプを選んで、
甘さと辛さのコントラストを出しました。

denim：CELINE
knit：PRADA
necklace：Ray BEAMS
bag：HEREU
shoes：CELINE

the secret of
SHOES

デニムの足元には
自信が持てるとっておきの靴を

私は基本的に女性らしい靴が大好きで、その中でもミュールは特別。かか
とまでしっかり隠されていない抜け感が魅力です。スカートはロング丈を穿
くことが多いので、そんなときも肌が覆われたパンプスより、生足が見える
ミュールのカッティングがバランス抜群なんです。ポインテッドトゥや足の
甲が多めに見えるデザインは、足元を華奢に見せてくれる効果も。もちろ
ん、色選びにもこだわりがあります。ブーツやバレエシューズは黒を選ぶこ
とが多いのですが、よく履くポインテッドトゥは意外と黒は少なめ。シャー
プなポインテッドトゥで色が黒だと印象が少し強くなりすぎるので、ネイ
ビーやボルドーなど、少しだけトーンを柔らかくしています。また、素材は表
革よりスウェードが女性らしく柔らかい表情で好き。そして、この本のコー
ディネート100体でも度々登場するマノロ・ブラニクの靴は特別な一足。履
いているだけで高揚感や自信が生まれ、自然と背筋が伸びます。

047

Manolo Blahnik

CELINE

ELIN

joba's SIMPLE BASIC

Chapter 3

BLACK KNITS

[黒ニット 編]

041

秋冬になると必ず何回も着るスタイル。
全身ブラックでシックにまとめます。
ダウンヘアの巻き髪だと派手すぎるので、
髪はラフなお団子スタイルに。
ヘアからつま先までトータルでコーディネートします。

knit : Demi-Luxe BEAMS
denim : THE SHISHIKUI
earrings : MARIA BLACK
bag : BOTTEGA VENETA
shoes : Manolo Blahnik

this is my rule of
BLACK KNITS

肌寒い季節は "毎日、白T" が
"毎日、黒ニット" にチェンジ

黒ニットは、私の秋冬のユニフォーム。

登場頻度が高く、"ほぼ白T感覚" で使っています。

黒なら、ほっこりとしがちなニットの着こなしをピリッと辛口な方向に仕上げられるから。

また、私は秋冬でもあまり複雑な重ね着をしません。だから、シルエットが命。

デコルテや腕を出せる春夏と違って、肌が隠れる季節ほど意識的に

身体のラインが見えるシルエットで女性らしさを演出するようにしています。

シンプルなのに洗練されて見えること、それが黒ニットを軸にしたスタイリングの秘訣です。

joba's
SIMPLE BASIC ITEMS

–

Selection of BLACK KNITS

item 01

Demi-Luxe BEAMS
デミルクス ビームス

**身体に美しくフィットする
ハイゲージの黒タートル**

春夏の白Tに代わる、秋冬の超定番アイテム。
身体にフィットするシルエットが基本なので、
肌触りが良く、着ていてストレスのないものを。
そして、2種類のサイズを持っておくのが理想です。
女っぽさ全開のピタピタサイズと、
ゆとりあるボトムに合わせる、少し余裕のあるサイズ。
着こなしに合わせて使い分けできたら最強です。

item 02

CELINE
セリーヌ

**タイムレスなデザインで
あらゆるボトムにマッチします**

セリーヌのクルーネックニットは、
ミドルゲージで大きすぎずタイトすぎない
程良いサイズ感が優秀な1枚。
インナーとしても使えるので着回し力が抜群です。
編地を強調しすぎず、トレンド感も主張しない、
こういった究極のベーシックなフォルムが
主役としても脇役としても活躍してくれます。

三條場流シンプルベーシック

3つの黒ニット、
3つの理由

黒ニットの選びの基準は、
無地で編地も目立たずシンプルであること。
なんてことのないアイテムなのに、
着るとピリッと辛口な女性像になるのです。
究極の黒ニット3枚で、秋冬のおしゃれが変わります。　053

item 03

ATON

エイトン

冬のOUTスタイル用に揃えたい
ボリューム感・ふわふわ感が魅力

"ボトムにIN"が基本の私も、冬はOUTしたい気分に。
エイトンのモヘアニットはOUTしたときに身体が泳ぐサイズ感や、
つい何度も触りたくなる質感が魅力です。
テロテロとした落ち感のあるスカートや
タイトなスカートを合わせて、
ニットとの対比を出すスタイリングがおすすめ。
一方で、実はINにも対応できるという優秀アイテムです。

054

042

レディスタイルの定番アイテム、
揺れる落ち感スカートを主役に。
グリーンの鮮やかなカラーと
ブラックのコントラストがポイントです。
大きめのサングラスやゴールドのブレスレット、
レオパード柄のバレエシューズなどの
小物でスパイスを効かせます。

knit：ATON
skirt：JOIÈVE
sunglasses：CELINE
earrings：MARIA BLACK
bracelet：PERRINE TAVERNITI
bag：CHANEL
shoes：Repetto

043

コンサバになりがちな白のボトムも、
ハイウエストのタックパンツを選べば
絶妙なトレンド感が生まれます。
黒ニットはINして腰回りにメリハリを。
春夏のイメージの強いかごバッグを
あえて冬に合わせるという、
季節感のミックスもポイントです。

knit：CELINE
pants：EDIT. FOR LULU
earrings：MARIA BLACK
bracelet：PERRINE TAVERNITI
bag：HEREU

スニーカーを使ったカジュアルスタイル。
そんなときこそ、ピタピタの黒タートルを味方に付けて
女性らしい着こなしを完成させます。
インパクトあるピンクのパンツも、これなら攻略可能。
バッグはメゾンブランドのものを選んで上質な休日服に。

knit：Demi-Luxe BEAMS
pants：Nanushka
earrings：MARIA BLACK
bag：JIL SANDER
shoes：New Balance

045

046

ニットのボリュームに負けないよう
ボトムにはゆるめのデニムをチョイス。
下にもボリュームが出るときは、
ニットの裾はINするとバランスが取れます。
足元は華奢なミュールで足首を見せて抜け感を。

knit：ATON
denim：CELINE
sunglasses：CELINE
bag：HEREU
shoes：Manolo Blahnik

大人のミニスタイルはチャーミングで大好き。
ビッグサイズのアウターと、ミニボトムを一緒に着る
コントラストが可愛い。
コンバットブーツで足元にも重心を置き、
インナーは黒タートルでキュッと締まりのあるバランスに。

knit：Demi-Luxe BEAMS
outer：LOEWE
pants：mikomori
hair accessory：H&M
earrings：Ray BEAMS
bag：ATP atelier
shoes：ATP atelier

047

とことんベーシックな黒ニットを合わせるのが、
ミニスカートを大人っぽく仕上げるコツ。
フレンチなムードのミニ×バレエシューズは
間違いのない組み合わせです。
チェーンバッグと赤リップで味付けを。
下半身に対してヘアはダウンスタイルで重く。

knit：CELINE
skirt：A.P.C.
bracelet：CELINE
bag：CHANEL
shoes：OPERA NATIONAL DE PARIS

048

049

上下のシルエットをコンパクトにまとめたら
どこか1箇所に大きめのアイテムを使うと
バランスが取れます。
このスタイリングの場合はクラシックなレザーバッグで。
足元はゴールドサンダルで抜けとスパイスを。

knit ： CELINE
denim ： RED CARD
hair accessory ： Alexandre de Paris
necklace ： Ray BEAMS
bag ： SAINT LAURENT
shoes ： LE PETIT TROU

春夏に活躍するサテンのワンピースは
黒タートルがあれば秋冬も着まわせます。
ヒールを合わせてしまうとドレッシーすぎるので
足元はコンバースでハズすのを忘れずに。
子どもっぽくならないようバッグも黒で統一。

knit ： Demi-Luxe BEAMS
dress ： MW
earrings ： MARIA BLACK
bag ： Ray BEAMS
shoes ： converse

050

アウターの中がオールブラックのときは、
レザーのテクスチャーを使うなど
異素材ミックスを意識すると、のっぺりとしません。
足元だけ軽くするとバランスが悪いので、
重量感のあるコンバットブーツの力を借ります。

knit：ATON
outer：INSCRIRE
skirt：BEAMS LIGHTS
bag：CHANEL
shoes：ATP atelier

051

タック入りテーパードパンツなら、
ボリュームニットをOUTして着てもダボつかず
すっきりと着られます。
パンツのパープルが映えるように、
真っ白なヒールをプラスしました。

knit：ATON
pants：Demi-Luxe BEAMS
earrings：MARIA BLACK
bag：THE ROW
shoes：CELINE

052

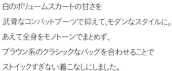

053

白のボリュームスカートの甘さを
武骨なコンバットブーツで抑えて、モダンなスタイルに。
あえて全身をモノトーンでまとめず、
ブラウン系のクラシックなバッグを合わせることで
ストイックすぎない着こなしにしました。

knit：CELINE
skirt：JIL SANDER
necklace：Ray BEAMS
bag：CELINE
shoes：ATP atelier

ボリュームのあるニットと、タイトなスカートの
冬の王道コーディネート。
ロング＆リーンなシルエットで
誰でもスタイル良く見える鉄板バランスです。
スカートのスリットから覗かせる肌もアクセントに。

knit：ATON
skirt：AK+1
sunglasses：CELINE
bag：CELINE
shoes：Manolo Blahnik

054

2つのトーンのベージュを使いつつ、
インナーは黒ニットで締めました。
あえてそこにダークグリーンを入れると
ベージュと黒を繋いでくれて
まとまりのある着こなしが完成します。

knit：Demi-Luxe BEAMS
coat：IVY & OAK x Demi-Luxe BEAMS
pants：Max Mara
earrings：MARIA BLACK
bracelet：PERRINE TAVERNITI
bag：CELINE

055

056

全身ダークトーンでまとめるときは
異素材ミックスが基本。ハリのあるスカートが
定番ニットの着こなしを新鮮な印象にしてくれます。
足元にコンバースというカジュアルな組み合わせも
全身ダークカラーなら大人っぽく着こなせるはず。

knit：CELINE
skirt：ebure
earrings：Ray BEAMS
bag：CHANEL
shoes：converse

ジャケットスタイルはカチューシャを着けると
マニッシュになりすぎないのでおすすめ。
ブラウン×ブラックのシックな配色に
ウォッシュのかかったデニムを合わせて
ヴィンテージ好きなパリジェンヌのイメージに。

knit：Demi-Luxe BEAMS
jacket：Cabana
denim：LEVI'S
hair accessory：H&M
earrings：GREN
bag：CELINE
shoes：ELIN

057

058

ジャケットのセットアップのインナーには
黒タートルが定番中の定番です。
そこに真っ白なバッグとヒールを投入して
モード感のあるフレッシュな装いに進化させました。
さらに大きめのサングラスでかっこよく。

knit：Demi-Luxe BEAMS
jacket：AURALEE
pants：AURALEE
sunglasses：CELINE
bag：JIL SANDER
shoes：CELINE

リラックスしたムードのテロッとしたパンツには
素材感のある厚手のモヘアニットがマッチします。
足元にはあえてヌーディなサンダルを選んで、
ゆるさを楽しむ休日カジュアルに。
バッグは黒レザーのミニタイプを。

knit：ATON
pants：AURALEE × Demi-Luxe BEAMS
sunglasses：CELINE
earrings：GREN
bag：Ray BEAMS
shoes：Flattered

059

060

デザイン性の高いアイテムに挑戦するときは
ワントーンでまとめると取り入れやすいはず。
存在感のあるニットアウターも
全身ブラックなら悪目立ちせずに馴染んでくれます。
レオパードのバレエシューズでさらなる冒険を。

knit：CELINE
outer：SARALAM
denim：Acne Studios
earrings：Ray BEAMS
bag：HEREU
shoes：Repetto

ニットはふわふわ、スカートはツヤツヤで
テクスチャーの違いを楽しむコーディネート。
アイテム自体はとことんシンプルでも
素材の組み合わせ次第でおしゃれが激変します。
歩くたびに繊細に揺れるスカートが魅力。

knit：ATON
skirt：EDIT.FOR LULU
bag：HEREU
shoes：NEBULONI E.

the secret of
GOLD JEWELRY

ゴールドのジュエリーが
柔らかさと女らしさを叶えます

ジュエリーは、シルバーよりも圧倒的にゴールド派です。シルバーのクール
でストイックな雰囲気も素敵なのですが、私はやっぱり柔らかさや女性ら
しさのあるゴールドに魅力を感じます。特にフープピアスはなくてはならな
い最重要アイテムで、フープ以外のピアスを着けている自分が想像できな
いほど。洋服と共通するのですが、ピアスもジャラジャラと重ねるより1点使
いが好き。シンプルなフープピアスが1つあれば、それだけで顔周りを華や
かにしてくれます。たくさんのフープピアスを持っていますが、耳元に強さが
欲しければ太めのフープ、抜けが欲しいなら細いフープ、というように選ん
でいます。まるで白Tのヘインズとプチバトーみたいな位置付けです。そして
実は足元とピアスの関係性も深くて、スニーカーのときは大きめのフープを
着けていたり、逆にポインテッドトゥのヒールのときは細くて小さいフープ
を着けていたり。耳が裸で出かけることはほぼないですね。

EARRINGS

RINGS & BRACELETS

RINGS & BRACELETS

joba's SIMPLE BASIC

/

Chapter 4

SWEAT SHIRTS

[スウェット 編]

this is my rule of
SWEAT SHIRTS

きれいめスタイルが好きな人こそ
スウェットが良い味付けになります

スウェットは、カジュアルが苦手な人にこそトライしてほしいアイテム。
なぜなら実は、きれいめアイテムとの相性が抜群だから！
レディなスカートやコンサバなパンツに合わせたときに生まれる、ギャップが醍醐味。
スウェット特有のスポーティかつ素朴なムードが、おしゃれの幅を広げてくれます。
着るものに悩む季節の変わり目にヘビロテできるし、
ストールのように肩にかけたり、ラフに腰に巻いたりと
着こなしのアクセントとしても活躍する最強アイテムなのです。

071

061

ショートパンツを穿くときは、
ボリュームたっぷりのスウェットが正解。
バランス良く見え、ヘルシーな印象に
仕上がります。子どもっぽくならないよう
ヘアは無造作にまとめ、
大きなかごバッグをプラス。

sweat shirt：Americana
pants：eos
earrings：MARIA BLACK
bag：HEREU

joba's
SIMPLE BASIC ITEMS
—

Selection of SWEAT SHIRTS

item 01
Champion
チャンピオン

スウェット特有の無骨さと
型崩れしない丈夫さが秀逸

硬すぎるスウェットだと疲れてしまいますが、
これは肉厚なのに柔らかさがあって
身体に馴染むので、とても着やすい。
そして一番のポイントは首元が横に開いていること。
この少しの開きから肌を見せたり
ネックレスをチラリと覗かせたりと
女らしさを出す手助けになってくれます。

item 02
Americana
アメリカーナ

柔らか素材がアレンジしやすく
ロゴが可愛いスウェット

グリーンと白のロゴがアイキャッチになってくれる
アメリカーナのスウェットも大好き。
白Tで例えるとフォトTのような、遊びを加える存在です。
生地が柔らかいので、肩にかけたり結んだりと
ストール感覚で楽しめます。
袖や腰回りに丸みがありつつ落ち感もあるシルエットは、
女性に似合いやすい1着です。

三條場流シンプルベーシック

3つのスウェット、
3つの理由

初めてスウェットにトライするなら、まずは
特有の素材感や風合いなどを楽しめるグレーから。
シルエットはゆったりビッグサイズが基本。
この3着は似ているようで、首の詰まり方や素材感が
微妙に異なり、スタイリングでの役割も様々です。

073

item 03

AK+1

エーケー ワン

誰でもきれいめに着られる
ハリ感とフォルムが魅力

AK＋1のスウェットはしっかりとしたハリがあり、
まるでボンディング素材のトップスのように
きれいめに着られる注目の1着。
詰まった首元や立体的な裁断で、
着ると程良いモード感を出せるのが特徴です。
あえてワンサイズ大きいものを選んで
ボリューム感を楽しむのがおすすめ。

062

透ける素材のトップスには
安心材料としてスウェットを肩がけすることも。
全体がタイトなシルエットのコーディネートに
ボリュームを足してバランスを
整える効果もあります。
黒のレザーバッグで緊張感をプラス。

sweat shirt : Champion
top : AURALEE
denim : RED CARD
earrings : MARIA BLACK
bag : CHRISTIAN VILLA x Demi-Luxe BEAMS
shoes : Flattered

063

スウェットにニットパンツを合わせた
とことんラフな休日スタイル。
ヘアアレンジにひと手間を加えたり、
女性らしいシューズを合わせたり
するだけで、きちんとファッションに
気を配っている印象になります。
斜めがけしたミニバッグもアクセント。

sweat shirt：Champion
pants：babaco
sunglasses：Oliver Peoples
bag：HEREU
shoes：NEBULONI E.

joba's
SIMPLE BASIC STYLE

064

—

SWEAT SHIRT Coordination

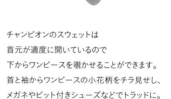

チャンピオンのスウェットは
首元が適度に開いているので
下からワンピースを覗かせることができます。
首と袖からワンピースの小花柄をチラ見せし、
メガネやビット付きシューズなどでトラッドに。

sweat shirt：Champion
dress：Isabel Marant Étoile
glasses：Oliver Peoples
bag：CHRISTIAN VILLA x Demi-Luxe BEAMS
shoes：JALAN SRIWIJAYA

065

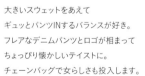

066

大きいスウェットをあえて
ギュッとパンツINするバランスが好き。
フレアなデニムパンツとロゴが相まって
ちょっぴり懐かしいテイストに。
チェーンバッグで女らしさも投入します。

sweat shirt : Americana
denim : SERGE de bleu x Demi-Luxe BEAMS
earrings : MARIA BLACK
bag : CHANEL
shoes : NEBULONI E.

無骨なスウェットの下から揺れる
落ち感あるスカートのコントラストがポイント。
上も下も長い"ずるずる感"は、
女の子に絶対似合う鉄板コーディネートです。
だらしなく見えないように小物は黒で締めました。

sweat shirt : Champion
skirt : JOIÉVE
sunglasses : Oliver Peoples
bag : CHRISTIAN VILLA x Demi-Luxe BEAMS
shoes : PRADA

067

オーバーサイズのスウェットを
OUTした際にバランス良く見せるコツは
スカートもしっかり長めの丈を選ぶこと。
その分、ヘアをコンパクトにまとめたり
ミニバッグを合わせたりすることで
スタイルUP効果を狙います。
赤いリップもポイントに。

sweat shirt：Americana
skirt：beaufille
earrings：MARIA BLACK
bag：HEREU

068

069

スキニーデニムを穿きたくなったら
ビッグサイズのスウェットを登場させます。
一見ラフなコーディネートに
サングラスや大きめのフープピアス、
ゴールドのミュールなどレディな小物を。

sweat shirt ： Champion
denim ： RED CARD
sunglasses ： CELINE
earrings ： MARIA BLACK
bag ： CELINE
shoes ： LE PETIT TROU

脚の出るミニスカートと
肌の隠れるスウェットは相思相愛な関係。
肉厚なスウェットが、ミニのセクシーさを
程良く緩和してくれます。
足元はヒールよりもバレエシューズがマッチ。

sweat shirt ： Champion
skirt ： A.P.C.
earrings ： MARIA BLACK
bag ： SAINT LAURENT
shoes ： Repetto

070

071

肩がけしたスウェットや足元のコンバースで
ドレスを日常着に取り入れたコーディネート。
肩がけするスウェットの素材は、上質できれいめなものを。
古着系のクタッとした素材はここでは控えます。
ドレスが新鮮に生まれ変わるアイディアです。

sweat shirt：AK+1
dress：JOIÉVE
earrings：Ray BEAMS
bag：CELINE
shoes：converse

スウェット以外のアイテムをすべて
タイトスカートやバレエシューズなどの
きれいめアイテムでまとめたスタイリング。
これらを黒で統一した組み合わせも
大人っぽい仕上がりの秘訣です。

sweat shirt：Americana
skirt：AK+1
necklace：Ray BEAMS
bag：CHRISTIAN VILLA x Demi-Luxe BEAMS
shoes：OPERA NATIONAL DE PARIS

072

073

スウェットの中でもより女性らしい
AK+1のビッグスウェットが
レディなドット柄スカートに馴染んでくれます。
華やかなスカートの足元には、あえてのビーサン。
頑張りすぎない細フープピアスも。

sweat shirt：AK+1
skirt：LEE MATHEWS
earrings：MARIA BLACK
bag：ATP atelier
shoes：Havaianas

甘口ワンピースを違う気分で
着たくなったらスウェットを。
キャッチーなロゴとコンバットブーツで、
一気にプレイフルなムードに。
ザ・ロウのサテンバッグでリッチ感をプラス。

sweat shirt：Americana
dress：JOIÉVE
bag：THE ROW
shoes：ATP atelier

074

075

スウェットをシンプルに着こなすなら
きれいめにまとめるのが地味にならないコツ。
大人顔のエーケー ワンのスウェットを軸に、
自信を持てるマノロ・ブラニクのポインテッドトゥや
ミニバッグでレディな味付けを。

sweat shirt：AK+1
denim：LEVI'S
earrings：MARIA BLACK
bag：THE ROW
shoes：Manolo Blahnik

ゆったりサイズのスウェットを
ボトムにINしたときに生まれるドレープ感が好き。
私がよく使っているテクニックです。
全身モノトーンのスタイルに差した
バッグのピンクで遊び心をアピール。

sweat shirt：AK+1
pants：mikomori
sunglasses：CELINE
necklace：Ray BEAMS
bag：BOTTEGA VENETA
shoes：PRADA

083

076

素材にハリのあるアイテム同士を組み合わせました。
スウェットをまるでニットやブラウス感覚で
着られる新鮮なスタイリングです。
逆に他のアイテムは、パールピアスやミニバッグ、
バレエシューズなど、ちょこんと上品に小さくするのが
バランス良くまとめられるポイントです。

sweat shirt：AK+1
skirt：ebure
earrings：GREN
bag：CHANEL
shoes：OPERA NATIONAL DE PARIS

077

スウェットのスタイリングに悩んだときは、
「これを穿いておけば絶対にきれいに見える」という
自分が信頼を置くボトムを合わせます。
私の場合はこのネイビーのタックパンツ。
プラダのサンダルでひとさじのモード感を加えます。

sweat shirt：AK+1
pants：BEAMS LIGHTS
hair accessory：H&M
bag：THE ROW
shoes：PRADA

078

たまに楽ちんボトムを穿きたくなりますが、
おすすめはスウェットパンツよりもニットパンツ。
ミニバッグやサングラスを足せば、
全体がピリッと締まります。
ヘアは1つにまとめて足元はフラットシューズを。

sweat shirt：Americana
pants：AURALEE × Demi-Luxe BEAMS
sunglasses：CELINE
bag：ATP atelier
shoes：Repetto

079

080

ベーシックなコートスタイルのインナーが
"白Tや黒ニットだと物足りないかな？"と感じたときは
ロゴ入りのスウェットを活用。
トラッドな雰囲気が生まれて魅力的に。
全体が重くならないように白いバッグをセレクト。

sweat shirt：Americana
coat：AURALEE
skirt：L'Appartement
sunglasses：Oliver Peoples
bag：JIL SANDER
shoes：NEBULONI E.

とことんシンプルな組み合わせに
ピンクを取り入れた自分らしいスタイル。
太めのフープピアスや
レオパード柄のバレエシューズなど、
あくまで小物は辛口にすることで大人顔に。

sweat shirt：Champion
pants：Nanushka
earrings：Ray BEAMS
bag：CELINE
shoes：Repetto

the secret of
SUNGLASSES

"辛さ"が足りないと思ったら
サングラスに頼っています

もうお気づきかもしれませんが、実は辛口なエッセンスが大好き。この本を
つくるまで、あまり自覚していませんでした(笑)。ピンクや女性的なムードが
好みなのですが、甘すぎるのはしっくりこない。そんなとき、私は辛口な小
物に頼ります。その代表格がサングラス。着こなしをリッチに見せてくれる
パワーがあるし、着けているときの高揚感も好きです。バッグも靴も合わせ
たけど、なんだか印象がぼやけるなと思ったときに、サングラスを着けるだ
けでピリッと締まることも。また、サングラスは目線を上に持ってきてくれる
ので、バランスUPも期待できます。基本はセリーヌの黒いサングラスがスタ
メンですが、フレームの色をニュアンスのあるカラーにすると合わせる服の
幅が広がるはず。クリアフレームでポップさを楽しむのもおすすめです。夏
の代表アイテムですが、私は重ための着こなしが増える冬にもヘビロテしま
す。シーズンを問わず楽しみたいアイテムです。

CELINE

BLANC

Oliver Peoples

joba's SIMPLE BASIC

/

Chapter 5

SHIRTS & BLOUSES

[シャツ&ブラウス 編]

081

ラッフルブラウスは甘さが敬遠されがちですが、
黒スキニーと合わせれば
甘辛バランス50:50で
意外なほどさらりと着られます。
かごバッグやブーツINで仕上げれば、
フレンチシックなムードに。

blouse / BEAMS LIGHTS
pants / Acne Studios
bag / HEREU
shoes / INTENTIONALLY BLANK

this is my rule of
SHIRTS & BLOUSES

シャツとブラウスが
シンプルに華を添えてくれます

これまでの章では、カジュアルなキーアイテムが多いと感じた人も多いかもしれません。

最後は、よりドレッシーなアイテムであるシャツ&ブラウスです。

白無地のブラウス、ブルーストライプのシャツ、そして総柄のブラウス。

いずれも馴染みのあるスタンダードアイテムだと思います。

カジュアルベースのデイリースタイルに華やかさを添えてくれるうえ、

それ単体で主役級の存在感を放ってくれるので、

私のシンプルベーシックにも絶対に欠かせない存在です。

joba's
SIMPLE BASIC ITEMS
—
Selection of SHIRTS & BLOUSES

item 01
BEAMS LIGHTS
ビームス ライツ

"甘さは潔くたっぷりと"が
モードに見える秘訣です

しっかりと甘いブラウスがトレンドアイテム。
挑戦するなら絶対に、いまです。
選びのポイントは、小さく細かいフリルではなく
大きなギャザーのラッフルデザイン。
潔いボリューム感がモードに仕上がります。
また、デコルテが出るデザインなので
顔まわりのフリルが苦手な人にもおすすめです。

item 02
EFFE BEAMS
エッフェビームス

オーバーサイズで羽織としても使える
ブルーのピンストライプシャツ

シャツはアウター代わりにもなるオーバーサイズを。
着丈も太腿くらいまでの長めの設定で、
真面目に着るより少し崩すほうが様になります。
柄はメンズライクなブルーストライプを。
ストライプのピッチは、遠目で見たときに
無地に見えるくらい細いものを選ぶと
難なく取り入れられるはずです。

三條場流シンプルベーシック

3つのシャツ&ブラウス、
3つの理由

シャツ&ブラウスの魅力はTPOを選ばないところです。
通勤から休日、レストランまで、どんなシーンにも対応。
だからこそ、選び方がとても重要です。
コンサバすぎたり、地味になりすぎたりしないように
万能でありつつ高揚感も得られる3枚をピックアップ。

093

item 03

Isabel Marant Étoile

イザベル マラン エトワール

プリントブラウスなら
寒色系の小柄を選びます

プリントブラウスが1枚あると
着こなしに簡単に華が添えられてとても便利。
私は甘さを抑えるために、
寒色系を選ぶようにしています。
柄は、大ぶりより小さめが着こなしやすいはず。
このブラウスは柔らかな素材で透け感があり、
しなやかに着られるのも魅力です。

082

いつものカーディガンを
オーバーサイズシャツに変えるだけで
一気にいまっぽくなるのでおすすめ。
アメリカンスリーブのタンクトップで
少し覗かせた素肌もポイントです。
足元はスニーカーを合わせて
スポーティな仕上がりを狙いました。

shirt：EFFE BEAMS
tank-top：Edition
pants：BEAMS LIGHTS
earrings：MARIA BLACK
bag：THE ROW
shoes：New Balance

083

ジャケットのインナーを
存在感のあるラッフルブラウスに
変えるだけで、手間のかかった
着こなしに見せられます。
デニムはややメンズライクなタイプを。
バッグはジャケットの下に斜めがけし、
ヘアもラフなダウンスタイルで調整。

blouse：BEAMS LIGHTS
jacket：BEAMS LIGHTS
pants：CELINE
bag：CELINE

joba's
SIMPLE BASIC STYLE
—

SHIRT & BLOUSE Coordination

084

096

裾をOUTにするとブラウスがこなれた印象に。
ボトムはブラウスのプリントから
1色拾ってグリーンのスカートをチョイス。
これで全身に一体感が生まれます。
少し甘口な組み合わせなので、ブーツで強さを。

bluose：Isabel Marant Étoile
skirt：JOIÉVE
earrings：MARIA BLACK
bag：SAINT LAURENT
shoes：ATP atelier

085

086

複雑なテクニック不要で完成する、
王道的に可愛い白ブラウス×デニムスタイル。
トレンドの大きめシュシュを使って
ヘアまでキュートに仕上げます。まとめ髪のときは
ゴールドのフープピアスを耳元に。

blouse：BEAMS LIGHTS
denim：THE SHISHIKUI
hair accessory：LETICIA
earrings：MARIA BLACK
bag：THE ROW
shoes：Manolo Blahnik

オーバーシャツがすとんと落ちたデザインなので、
ボトムには裾に変化が付くマーメイドスカートを。
チェーンバッグを斜めがけすることで
目線を上に持っていき軽さもプラス。
足元はコンバットブーツでモードな空気感に。

shirt：EFFE BEAMS
skirt：ROOM NO.8
earrings：MARIA BLACK
bag：CHANEL
shoes：ATP atelier

087

華やかな柄ブラウスを淡いピンクのパンツで中和。
上下ともにフェミニンなアイテムなので、
辛口スパイスが欲しいときに大活躍する
シルバーパンプスをプラスしました。
逆にバッグはダークカラーで締めます。

blouse：Isabel Marant Etoile
pants：LAQUINTANE
earrings：MARIA BLACK
bag：HEREU
shoes：PELLICO

088

089

ベーシックアイテム同士の組み合わせで
一見、インパクト不足な印象ですが、
デニムのハイウエスト具合や真っ白なヒールなど
細部にトレンド要素を散りばめてアップデート。
ミニバッグのブラウンやゴールドもポイントに。

shirt：EFFE BEAMS
denim：THE SHISHIKUI
necklace：Ray BEAMS
bag：CELINE
shoes：CELINE

甘さの中に大人っぽさと高級感を共存させました。
かっちりとしたレザーバッグや
サングラスで辛さを取り入れつつ、
小物のゴールド金具でクラシックさも演出。
いくつになっても着たい大人のフェミニンスタイルです。

blouse：BEAMS LIGHTS
pants：Max Mara
sunglasses：CELINE
earrings：Ray BEAMS
bag：SAINT LAURENT
shoes：JALAN SRIWIJAYA

090

091

プリントブラウスをハンサムに着たくて
ブラックのタックデニムをセレクト。
重心が下にくるワイドなボトムを穿くときは、
ショルダーストラップが短めのバッグがおすすめ。
足元はミュールで肌見せして好バランスに。

blouse：Isabel Marant Étoile
pants：NEPLA.
earrings：MARIA BLACK
necklace：Ray BEAMS
bag：CELINE
shoes：ELIN

ショートパンツを大人っぽく穿くなら
ストライプのシャツが理想の相棒。
オーバーサイズの裾を片方だけINして
ショートパンツを見せます。
モードな白いバッグを加えて軽快に。

shirt：EFFE BEAMS
pants：eos
hair accessory：POTETE
bag：JIL SANDER
shoes：ATP atelier

092

093

ラッフルブラウスを甘さ控えめに着たいときは、
他をオールブラックで辛めにまとめます。
シャネルのバッグのゴールドチェーンや
セリーヌのサングラスも
辛口エッセンスの役割を担ってくれます。

blouse：BEAMS LIGHTS
pants：THE SHISHIKUI
sunglasses：CELINE
bag：CHANEL
shoes：Manolo Blahnik

黒いアイテムが好きな私は、
コートを着る冬は全身真っ黒になってしまいがち。
"ちょっと重たすぎるかな？"と思ったら
プリントブラウスや白バッグを投入すると
リズムが生まれて退屈になりません。

blouse：Isabel Marant Étoile
coat：Max Mara
pants：BEAMS LIGHTS
earrings：MARIA BLACK
bag：JIL SANDER
shoes：ANGEL ALARCON

094

シャツのフロントボタンを
すべて閉めて着ることは
ほとんどないのですが、
これくらいオーバーサイズなら
モードな印象になって素敵。
中には夏に活躍するサテンの
キャミワンピースを着まわします。

shirt：EFFE BEAMS
dress：MW
hair accessory：Alexandre de Paris
bag：ATP atelier
shoes：Manolo Blahnik

095

096

付け襟ブームのいま、大きな襟を生かした
スタイリングの楽しさに再注目しています。
レザー素材のワンピースを重ねることで
ブラウスの甘さ成分はぐっと控えめになり、
逆にモード感のある着こなしにシフトできます。

blouse：BEAMS LIGHTS
dress：BEAMS LIGHTS
hair accessory：H&M
earrings：GREN
bag：THE ROW
shoes：Repetto

着丈の長いブラウスをチュニック風に活用して、
ショートパンツをちらっと覗かせました。
INしないことでリラックスムードも演出。
カチューシャとバレエシューズを合わせれば
ショートパンツもレディライクに着こなせます。

blouse：Isabel Marant Étoile
pants：mikomori
hair accessory：H&M
earrings：LAURA LOMBARDI
bag：CHRISTIAN VILLA x Demi-Luxe BEAMS
shoes：OPERA NATIONAL DE PARIS

097

シックなプリントブラウスを
軽やかに仕上げてくれるのは、クリーム色のパンツ。
寒色系のブラウスが一気にあたたかみのある印象に。
ヌーディなストラップサンダルの足元で
こなれたムードを出しました。

blouse：Isabel Marant Étoile
pants：EDIT. FOR LULU
hair accessory：H&M
bag：THE ROW
shoes：Flattered

098

ラッフルブラウス×フレアスカートの
ドラマティックなスタイリングは
モノトーンでまとめるのがおすすめ。
頑張りすぎた印象が出ないように、
足元はプラダのフラットサンダルでハズします。

blouse：BEAMS LIGHTS
skirt：AK+1
hair accessory：Alexandre de Paris
bag：Ray BEAMS
shoes：PRADA

099

100

オーバーサイズシャツはアウターとしても大活躍。
ドレッシーなキャミワンピースに羽織るだけで、
デイリーに着られるスタイリングに。
ロングシルエットのアイテム同士で
バランスがとりやすいのでおすすめです。

shirt：EFFE BEAMS
dress：JOIÉVE
necklace：les bon bon
bag：HEREU
shoes：Flattered

ブラックのビッグジャケットに
デニムのミニスカートを合わせてトラッドに。
インナーをラッフルブラウスにすることで
スクール調にならず、大人の休日スタイルが完成。
小さなかごバッグやバレエシューズで味付けを。

blouse：BEAMS LIGHTS
jacket：Demi-Luxe BEAMS
skirt：A.P.C.
hair accessory：H&M
earrings：GREN
bag：VIOLAd'ORO
shoes：Repetto

the secret of
HAIR ACCESSORIES

"頑張って"見えないのに
可愛いが叶うヘアアクセサリーを

私は"頑張ってます感"のあるファッションが苦手。できるだけさりげなく見せるのがマイルールです。それはヘアも同じで、しっかりと巻いた髪や手の込んだアレンジは避けています。いつも"自分でテキトーにやりました風"な仕上がりを目指しているんです。そんな私の好みにぴったりなのが、シュシュやバレッタ、カチューシャなどのヘアアクセサリーたち。無造作にまとめるだけ、ナチュラルヘアに着けるだけで、最強に可愛くなれる。全身の服を決めたあとに鏡の前でバランスを見ながら着けています。出先で使いたくなることもよくあるので、バッグの中にはいつもシュシュやバレッタを常備。トレンドのカチューシャは、簡単にレディな仕上がりになるからとってもお気に入り。H&Mのものをヘビロテしていて、色は甘くなりすぎない黒と決めています。いまは暗めのヘアカラーなので、シュシュも黒やネイビー、バレッタもベージュやべっ甲など、落ち着いたカラーで揃えています。

107

CHOUCHOU

BARRETTE

UP HAIR

the secret of
BEAUTY

SKIN

シンプル服が可愛く見えるのは
手入れの行き届いたツヤ肌あってこそ

私は服がシンプルでごまかしがきかない分、肌の見え方が本当に重要だと
考えています。例えば白Tを1枚で着たときに、もしも肌がガサガサだとした
ら、どんなスタイリングも台無しですよね。だからスキンケアもおしゃれの
一部。手入れの行き届いた肌があって、はじめてコーディネートが完成する
と思うのです。特にこだわっているのは肌のツヤ感。ツヤのある女性って美
しい。それは努力しないと手に入らない美しさ。少しでも理想に近づけるよ
うに、スキンケアにはかなり時間を使っています。苦痛な時間にならないよ
うに、楽しみながらスキンケアすることを意識していますね。ツヤ肌をつく
るには、とにかく化粧水！ 遠いようでいちばんの近道です。美容液の前の
土台が大事だと思うので、まずは水分量をたっぷり入れるようにケアしてい
ます。表面の水分は化粧水を使って時間をかけて入れ込みますが、内側の
水分は水を毎日2ℓ飲んで補っています。

BODY CARE

MOISTURIZER

GLOSSY SKIN

LIPS

ボルドーリップがないと
私のシンプルスタイルは完成しない

フープピアスと同様に、ないと私じゃない気がしてしまうのがボルドーの
リップ。これがあってスタイルが完成すると言っていいほど、私の中で重要
な要素です。塗るだけで華やかさを足してくれるボルドーのリップは、シン
プルなスタイルを全力で手助けしてくれて、女性でいることを楽しませてく
れる存在。色は長年ボルドーを愛用していますが、そのボルドーも気分に
よって微妙にアップデートしています。マット感、ツヤ具合、赤みのバランス
など、そのときのトレンドや服のテイストに合わせて理想のリップを常に探
求。ちなみに、いまの気分はマットな質感でオーバー気味に塗るリップ。メ
イクを面倒くさい作業にしたくないので、筆は使わずにリップスティックか
ら直塗りします。色を混ぜることもなし。とにかく簡単にシンプルに！
塗っている時間の高揚感も大事に、楽しんでメイクすることが日々のモチ
ベーションになっています。

NARS

ADDICTION

hince

111

NAILS

視界に入るネイルがきれいだと
すごくテンションが上がるんです

ネイルサロンに行けないステイホーム期間中、ハマったのがセルフネイル。自分で塗っているうちに、だんだんと上達してきて、自分で塗るのが好きになってきました。ネイルケアをきちんとするようになった大きなきっかけは、仕事で出会ったヘアメイク・アーティストの松田未来さん。ふと彼女の手元を見たときに、ネイルが感動するほどきれいで、目が釘付けになってしまったんです。"女性にとってネイルってこんなにも大切なんだ"と改めて気づいてからは、ネイルケアを本格的に始めるようになりました。手元って仕事をしていてもスマホを触っていても目に入るパーツだから、きれいだと気分が上がりますよね。ネイルオイルは会社のデスクに入れているし、甘皮ケアも自宅でセルフでやるようになってから、マニキュアが長持ちするようになりました。カラーはボルドーや赤も楽しむけど、ベージュが多め。"頑張ってる感"が出ないように、アートなしの1色ベタ塗りが基本です。

NAIL OIL

NAIL POLISH

RED NAILS

PERSONALITY

キーパーソンに聞いた"三條場夏海"の歩み

> ┌
> ここまで来れたのは、自分ひとりの
> 　　力じゃないことを忘れないで
> 　　　　　　　　　　　　　　　　　┘

from my MOTHER

114

母 スタイルブックの出版、おめでとう。今回は本当に驚きました。

三條場 (以下S) いままでも自分の夢や仕事のこと、何でも話してきたから、全部知ってるもんね。プライベートも恋愛から部活のことまで全部話してる (笑)。

母 小学校時代からかな、自分がやりたいことは自分でやりたい、と主張する子だったね。合唱コンクールがあって、絶対優勝したいから伴奏をやると言い出して、ものすごく練習して。人前に立つことにも積極的だし、成功を勝ち取るために前に突き進むところは、あの頃から変わらないね。私もお父さんも人前に出ることが苦手なのに、本当に不思議。本人はまったく緊張しないから、こっちの方がヒヤヒヤしてしまう (笑)。

S 昔から人前に出て何かを発表することがすごく好きだった。特にステージという場所が好きで。幼い頃のピアノの発表会から始まって、中学では吹奏楽部、大

学ではダンスサークル。いま思えば、全部ステージの上だね。

母 社会人になる直前にモデル事務所に入って、「どうしてもファッションショーに出たい」って言い出して。「神戸コレクションや関西コレクションに絶対出る!」と言っていたら本当に出たね。

S 昔から"本番"があるものが好きだった。直前は緊張するんだけど、本番になると楽しい気持ちが強くなるのかも。

母 BEAMSさんに入社してすぐにプレスになりたいと言い出したときも、そのために必死で努力をしているんだろうなってわかった。そうしたら本当に「プレスになれたよ」って連絡が来て。

S もっと驚いてくれるかと思ったから反応が薄くて寂しかったんだけど (笑)。

母 だって、いつかは実現させるだろうなって思ったから。でも、「TANE.MAKIグランプリ」での優勝は本当に驚いた。挑戦すると言ったときは、「はいはい」って

key person 1

お母さん

名古屋出身、結婚を機に東京へ。
28歳で夏海を出産し、東京、札幌、
神戸にて子育て。昔からファッショ
ンが大好き。仕事帰りにジムで身
体を鍛えるアクティブママ。
@emiemi1130

聞き流してたけど（笑）。

S　でも喜ぶというより、心配してくれた
よね。

母　優勝できたということが、自分ひと
りの力じゃないんだよって気づいてほしく
て。それまでの道のりで、どれだけ多くの
方たちの協力があってここまで来れたの
か、なっちゃんがちゃんと理解しているの
か不安だったから。

S　それは私が小さいときから言い続け
てきてくれたことだよね。

母　そう。ひとりで頑張ってる気になっ
ちゃだめ。それは吹奏楽の大会でも同
じ。みんなで一緒に努力していることに
気づき、みんなで一緒に前を向く大事さ
もわかる人になってほしい。でも、そんな
心配もそろそろ要らないのかなって思う
ときも増えてきたよ。ああ、この子はちゃ
んとわかってるなって、最近は感じます。
少しずつ、でも着実に成長しているようで
うれしいです。

115

一緒に泣いて笑って、夢を見て。
まっすぐ進む彼女を尊敬しています

from my CO-WORKER

三條場（以下S） 私たちが初めて出会ったのは内定者懇親会だったよね。

梶原（以下K） あのときは、軽く挨拶するだけで、お互いまだ探り合いだった……（笑）。それがいまじゃ、すっかり仲良しだよね。

S レーベルは違ったけど、2人とも最初は販売員として配属されたんだよね。私はデミルクス ビームス 新宿に配属。

K 私はビームス 梅田。

S 私が関西に帰省するたびに会いに行ってたよね。休憩時間の20分だけでも会いたくてショップの外で話したり。

K 私は関西配属だったけど、本当は東京に行きたくて。そういう思いや仕事の目標をよく聞いてもらったな。いつかプレスになりたいって話もよくしたよね。

S 自分たちのことを、"共感シスターズ"って呼んでるくらい、考え方とか目標がすごく似てるんだよね。服の趣味だけは本当に真逆だけど（笑）。

K お互い、プレスになりたいって目標が最初に一致して意気投合。

S そして私がプレスになったのと同じタイミングで、ちーちゃん（梶原さん）が東京配属になって、その後バイヤーになって。入社して、まだほんの数年だった。

K お互い、夢が叶うのがすごく早かったと思う。すごくありがたくてうれしい反面、不安な部分も大きくて。同じ境遇の人が少ないから、相談する相手もお互いしかいない。そういう部分も分かち合えて、本当にかけがえのない存在だった。なにゃん（三條場）のすごいところは、前しか見ないで恐れずにどんどん突き進むところ。私が大阪にいたときも、離れてはいたけど勇気をもらってたよ。

S お互い、同じ夢を持っている人が身近にいることが大きかったよね。

K でも、夢を叶えたあとも闘いは続くよね。なにゃんがプレスとディレクターの両方に就任したときは、本当に大変そう

key person 2

梶原千織さん

Ray BEAMSバイヤー。大阪出身。
2016年BEAMS入社後、梅田店配
属。その後、池袋店へ。3年の販売
職を経て、2019年バイヤーチーム
に異動。サブスクは断然Netflix派。
@ @im_chio32

だった。私はプレス業やディレクション
業のことは詳しくないけど、両方を同時
にこなすのは、物理的にも精神的にも、
想像を超える大変さがあったと思う。

S　お互い、限界が来ると「サクメシ行か
ない？」ってLINEするんだよね。それで
仕事終わりに全部吐き出す（笑）。

K　ぶっ壊れて、泣いてるなにゃんもたく
さん見たなぁ（笑）。

S　ディレクションとは何なのか、まった
くわかってなかったから大変だった。でも
当時の上司がすごく親身になってくれ
て、たくさん助けてくれた。既存のブラン
ドじゃなく、自分でつくったまったく新し
いブランドだから、正解は自分で探すし
かなかったんだよね。あの時期にちー
ちゃんがいてくれて本当に良かった。

K　お互いがいないなんて、想像できな
いよね。私たちは夢が叶って終わり、
じゃなくて、いまもまた次を見てるから、
ずっと刺激し合う関係だと思う。

117

面白いコが入ってきたなって
当初から注目していました

from my BOSS

三條場 (以下S) 安武さんは前部署のプレス時代の上司。そして私がBEAMS SALONとJOIÉVEというブランドのディレクターになるきっかけをつくってくれた人でもあります。

安武 (以下Y) 三條場のことは、入社当時から知ってたよ。そのときからInstagramのフォロワーが多かったので注目してた。同じ会社で働いている妻からも、Instagramで面白いライブをしているコがいるって聞いていたので。

S え。そうなんですか!? 初めて聞きました (笑)。

Y 当時はInstagramもいまほどメジャーじゃなかったし、インスタライブしてるなんて珍しかったから興味津々で。色々喋ってるし、度胸あるなぁって。当時は誰もやっていないことだったからね。

S 誰もやってなかったから、やりたかったんです。確かに珍しがられました。

Y いやぁ、キラキラしてるコがいるなっ

て思ってました (笑)。

S 安武さんには、めちゃくちゃイジられてましたね (笑)。私がJOIÉVEをつくるきっかけになった「TANE.MAKIグランプリ」に誘ってくれたのも安武さんです。

Y スタッフが手を上げてやりたいことを発表して、グランプリを受賞したらそれが実現できるという社内コンペ的なプロジェクトの運営を僕が担当することになりまして。三條場にも「ちょっと参加してみてよ」と声をかけさせてもらいました。BEAMSでも初めての取り組みで、まさに第1回目の優勝者が三條場。

S 私も最初は、安武さんが言うならちょっと提案してみようかな、くらいの軽い気持ちでした。安武さんに声をかけられなかったら、コンペに参加していなかったと思います。それで詳細を見てみたら、これは優勝したらなかなか面白いぞと気がついて、だんだん本気モードに。基本、負けず嫌いなので、勝負事が

key person 3

安武俊宏さん

BEAMSプレスチーフ。福岡生まれ、札幌育ち。文化服装学院卒業後、2005年BEAMS入社。メンズドレスの販売を経て、2012年よりプレスに。嫌いな食べ物はエビ。
@toshihiro_yasutake

好きなんです（笑）。やるからにはI位になりたいというか、やるなら優勝する、という選択肢しかなくて。

Y　アイデアはどんな風に浮かんだの？

S　普段から私のフォロワーさんたちの悩みや実体験をよく聞いていて、その中で辿り着いたのが、"結婚式の参列"をテーマにした案でした。書類選考からプレゼン当日までの数か月がいちばん大変でしたね。

Y　本番でも圧倒的にプレゼンが良かった。大きな会場で、大勢の前で、伝えたいことがきちんと届いていた。第I回のプロジェクトでもあるし、優勝したあとも成功させないといけないというプレッシャーがあったと思うけど、実際に成功させて、かなり好調だよね。本当にすごいと思う。入社当時から面白いコがいると注目していたけど、確実にBEAMSの顔になるなと思っていたので、ようやくここまで来たなって感心しています。

MY DRESS STYLE

自分をときめかせるドレスで
特別な日にも日常にも華やぎを

私は、結婚式参列のトータルコーディネートを提案する
BEAMS SALONと、ドレスを中心に展開する
JOIÉVEというブランドのディレクターをしています。
このブランドを始めたきっかけは、
「なぜ日本では女性が華やぐことに消極的なのだろう?」と
疑問に感じたこと。例えば、大事な友人の結婚式という
せっかくの楽しい場で、目立たないようにする慣習は
ポジティブじゃないと思うのです。"一生に一度を、一緒に。"
そんな思いで、自分に自信が持てる、ワクワク感が得られる
ドレスを着て、自分の気分を高める方法を手に入れてほしい。
それは日常生活も同じです。大好きなドレスを
デイリーに楽しめるような提案をしています。
この本でもその実例をいくつか紹介しているので、ぜひ注目してください。

dress：JOIÉVE

100 QUESTIONS, 100 ANSWERS

※ Instagramでの質問募集をもとにランダムに作成

1. 名前の由来は？　夏の海のようにキラキラと輝いてほしいから

2. 出身は？　東京生まれ、神戸育ち

3. 血液型は？　B型

4. 身長、体重は？　158cm、45kg

5. 視力は？　コンタクトをしてますが、なくても家でなら生活できるくらい！

6. ニックネームは？　なっちゃん、じょば、じょばさん、なにゃん

7. 特技は？　ドラム、身近な人のモノマネ

8. 趣味は？　カラオケ（お酒なしでひたすら採点）、オーケストラ鑑賞

9. 長所は？　ポジティヴで負けず嫌いなところ

10. 短所は？　泣き虫で感情に左右されやすいところ

11. チャームポイントは？　よく褒められるのは、おでこ

12. コンプレックスは？　お酒が弱いこと、心配性

13. 口癖は？　会話の冒頭に「え。」

14. ついやってしまう癖は？　髪を触る

15. 苦手なことは？　片付けと早起き

16. 学生の頃の得意科目は？　音楽と美術の成績は常に「5」でした！

17. アルバイト経験は？　居酒屋、カフェ、アパレル。朝はカフェ、その後は
    深夜まで居酒屋コースとかでハシゴする日もめちゃくちゃありました

18. 座右の銘は？　あきらめない

19. 自分の好きなところは？　自分の好きなことや得意なことなら"勝つ"まであきらめないところ。
    物事を勝ち負けで捉えるのは良くないこともあるけど、勝負事になると、とにかく強いと思う（笑）

20. 自分の嫌いなところは？　強気なくせに、ちょっとしたことでドン底まで
    テンションが落ちるところが自分でも疲れる……

21. 寝る時間は？　27時

22. 好きな食べ物は？　ハンバーグ、パスタ（子どもみたいな料理大好き♡）

23. 好きなお酒は？　お酒弱いけど梅干しサワーだけめっちゃ好き

24. 嫌いな食べ物は？　貝類、ホルモン、鶏皮

25. 学生時代の部活は？　吹奏楽部♡

26. 部活の思い出は？　6年間全力でやりきった毎日。とにかく青春していたので、話すと泣けるほど（笑）

27. **いちばん好きな吹奏楽の曲は？**　「宝島」「シバの女王ベルキス」「マゼランの未知なる大陸への挑戦」

28. **好きな楽器は？**　Timpani は一生愛せる！

29. **リラックスしたいときに聴く曲は？**　「Beauty and the Beast」

30. **幼少期はどんな子だった？**　泣き虫で我が強め

31. **家族構成は？**　父と母、4つ下の弟

32. **大学時代はどうだった？**　やりたいことを色々やりすぎて、単位取るのはギリギリでした（笑）**A**

33. **嫌なこと、苦手なことはどう乗り越える？**　ヤダヤダって言いながら弱気に頑張る（良くないw）

34. **よく言われる第一印象は？**　ツンとしてるかと思った、思ったより小さい

35. **仲良くなるとどんな人って言われる？**　うるさくていっつも楽しそう **B**

36. **この世でいちばん怖いものは？**　虫。つい先日、自宅に迷い込んだカメムシを発見して

　　号泣した自分にドン引きしました

37. **小さい頃の将来の夢は？**　アイドル

38. **面白くないことは？**　安定した、先が決まった未来

39. **プレスになろうと思ったきっかけは？**　目立つこととおしゃれがとにかく好きな自分に、

　　母と叔母が「夏海に良いんじゃない？」とすすめてくれた

40. **仕事のリフレッシュ方法は？**　おいしいカフェラテを飲む

41. **落ち込んだときに回復する方法は？**　とにかく泣く。信頼できる人に話す

42. **テンションの上がる曲は？**　世代なのでORANGE RANGEがかかるとアガる（笑）

43. **モチベーションを上げるために何をする？**　小さい夢と、大きな夢を常に持ち続けること

44. **至福の時間は？**　肩凝りがひどいので、マッサージ、エステ、ヘッドスパ、整体

45. **何から順番にコーディネートを組む？**　天気と用事に合わせて組むので、そのときによります

46. **コーディネートを組むのは当日の朝派？ 前日の夜派？**　基本、前日の夜に決めたい派。

　　特に大事な日の前日はマスト！

47. **休日の過ごし方は？**　自分のメンテナンスか、友達と遊ぶか、カフェにいます

48. **願いがひとつ叶うなら？**　虫と一生関わりのない生活を送りたい

49. **憧れの人は？**　憧れをつくるとその人を追って自分らしさを失う気がするので、いません！

　　（好きな人はたくさんいるけど）

50. **好きな人のタイプ（女性）は？**　面白い人、素を出してくれる人

51. **好きな人のタイプ（男性）は？**　聞き上手で、私を女の子扱いしてくれる人♡

52. 一目惚れする？　結構する

53. 男性への譲れないポイントは？　ドライブが好きなので運転免許……（笑）

54. 何フェチ？　匂いフェチ

55. キュンとする仕草は？　仕草じゃないけど「さっき○○って思ってたでしょ（笑）」みたいに、言ってないのに心を読まれたとき

56. 男性の好きなファッションは？　スーツは本当にかっこいいが倍増する！
でも普段着としてカジュアルな服を着ても、きれいにまとまる人が理想

57. 最高のデートコースは？　ドライブデート！ 夕焼けが見られたら完璧♡ C

58. 神戸でお気に入りの場所は？　元町の雰囲気が好き！

59. 韓国で好きなお店は？　東大門の「陳玉華ハルメ元祖タッカンマリ」。コロナが収束したらすぐに行きたい！

60. 30歳の節目で買いたいものは？　腕時計

124

61. 自分へのご褒美は？　食べたいものを食べる

62. 骨格診断やカラー診断は？　着たい服を着たいので、あまり興味がないです……

63. いままでに買った一生ものは？　ものじゃないけど歯科矯正！ 高かったけど使って良かったお金ナンバーワン

64. 大切にしているものは？　思い出（が捨てられません……）

65. 夢の叶え方は？　人生の主役は自分だから、叶うまであきらめない

66. 好きなスイーツは？　代官山にある専門店「Laekker」のデニッシュ

67. 死ぬまでにやりたいことは？　ウィーンで生のオーケストラを聴くこと

68. お気に入りの下着は？　AROMATIQUEのカップ付きキャミがおすすめ

69. スタイル維持のためにしていることは？　鏡をしっかりたくさん見て自分の変化に気づくこと

70. 美容のために気をつけていることは？　タオルで顔を拭かないこと

71. 毎日欠かせないことは？　水を2ℓ以上飲むこと。水を常に持ち歩いていないと落ち着かない

72. 夜寝る前にすることは？　スマホを見る

73. 好きな香りは？　DiptyqueのBALES

74. 化粧水のこだわりは？　化粧水は、とろみのないシャバシャバ系が好きです

75. 頼れるスキンケアアイテムは？　SERENDI BEAUTYの化粧水が超しっとりさせてくれる！

76. メイクのポイントは？　整ったツヤ肌をつくること

77. お気に入りのボディクリームは？　OFFICINE UNIVERSELLE BULYのオー・トリプル ヘリオトロープ・デュ・ベルー

78. 誰にも言ってないことひとつ教えて　JOIÉVEの服をつくるときは気分を高めるために

ウエディング系プレイリストを聴いています

79. 好きなスナック菓子は?　しゃり蔵

80. マイブームは?　K-POPのカバーダンス **D**

81. 好きな映画は?　超泣ける系か、サイコパス映画が好きです

82. どこのカフェラテが好き?　「OGAWA COFFEE LABORATORY」、「CAFE LUIGI」 **E**

83. 断捨離はどうする?　基本的に片付けが超苦手なのですが、

服を捨てる前にパジャマにするっていうのは卒業できました

84. 服を買う基準は?　着まわしできるか考えて、3パターンくらい浮かんだら、が目安

85. 生まれ変わるなら女?男?　絶対、女 ♡

86. もし違う人生を歩むなら?　女優さんか有能なお医者さん

87. 小さいときに好きだったことは?　ドレスを着てお姫様ごっこ

88. 初めて行ったコンサートは?　モーニング娘。

89. 楽しかった旅行は?　毎年恒例メンバーでの韓国旅行!(早く行けるようになりたい) **F**

90. 子どもの頃の思い出は?　毎年、家族でキャンプや温泉に行っていたこと。

札幌に住んでいたので自然が近くにたくさんあって超楽しかった!

91. 高校時代の思い出は?　基本、楽しい思い出しかないけど、

唯一嫌だったのは校門前で私だけスカートの丈を怒られていたこと(笑)

92. 苦手なシーンは?　人見知りなので、初対面の人がたくさんいる環境

93. 自炊はする?　したい気持ちは100%

94. 最近、克服したものは?　辛い食べ物が、だんだんに好きになってきた!(韓国で楽しむために克服中)

95. うれしかったことは?　吹奏楽のコンクールコメントで、自分のことが褒められたとき

96. ディズニーランドで好きなアトラクションは?　ジャングルクルーズ

97. USJで好きなアトラクションは?　昔あった、E.T.好きだった……わかります?(笑)

98. 「意外だね」と言われることは?　女子が大好きそうな恋愛映画やドラマを観ないこと

99. 好きな季節は?　暑いのが大の苦手なのですが、寒いのが得意ってわけでもないので、春!

あと春の香りが好き♡

100. 将来の目標は?　自分のやりたいことをやって生きたい!

125

EPILOGUE

おわりに

みなさん、いかがでしたでしょうか？
この本をきっかけに、「好き！」とときめくコーディネートを
ぜひこれからも、探求してみてください。

お洋服がシンプルだからこそ、より丁寧にネイルを塗ってみたり
いつもより念入りにお風呂でのケアをしてみたり。
そんな時間は自分自身のことを「好き」にさせてくれます。

シンプルだからこそ、自分自身を大切にしてあげたいと
少しでも思っていただけたら、私はとってもうれしいです。

大変な世の中ですが、いつだって主役は自分自身。
この時代だからこそ、自分の気持ちは自分で高めてあげることが
素敵な人生になる第一歩だと信じて、私も一日一日を過ごしています。

この本を読み終えて、好きなコーディネートが見つかるのはもちろん、
自分を愛すること、夢や目標を持つことで
「自分って最高に楽しい！」と感じていただくことが私の喜びです。

私も、ひとりだけではコンプレックスだらけの人間ですが
周りのみなさんの支えがあってこそ、自分の人生が大好きでいられます。

この本が出版できたのも、たくさんの人のご協力と応援があったから。

そんなみなさんへの恩返しとして、
私が考える"SIMPLE BASIC"を精一杯に届けさせていただきました。

明日からの毎日も、シンプルに。そして自分を大切に。
みなさんが素敵な毎日を送れることを心より祈っています。

本当にありがとうございました。

三條場 夏海

三條場夏海

東京生まれ、神戸育ち。2016年BEAMS入社。販売職
を経験したのち、異例の早さでプレスに抜擢される。
2020年には"結婚式参列"をテーマにBEAMSの商品
をキュレーションする「BEAMS SALON」を立ち上げ、
同時に旗艦ブランド「JOIÉVE」のディレクターに就任。
きれいめとカジュアルの絶妙なミックス感に定評が
あり、様々な女性誌やSNSで注目を集めている。身長
158cm、好きな飲み物は配色のきれいなカフェラテ。

@ @natsumi_sanjouba

※ 掲載した服、小物などはすべて本人私物です。
　 問い合わせはご容赦ください。

joba's
SIMPLE BASIC

2021年11月18日　第1版　第1刷発行
2021年12月16日　第1版　第2刷発行
2022年3月18日　第1版　第3刷発行

著者	三條場夏海(BEAMS)
発行人	松井謙介
編集人	松村広行
撮影	RIKKI(SANJU／人物)、大槻誠一(A-I STUDIO／静物)
ヘアメイク	本岡明浩
スタイリング補助	抱ふうこ(BEAMS)
デザイン	半坂亮太(store inc.)
校閲	小池晶子、久保田遼
構成執筆	西澤未来(LVTN)
Special Thanks	石山秀一、近藤昌平、岡田翔真 樋口朋珠(BEAMS)
企画編集	青木宏彰
発行所	株式会社ワン・パブリッシング 〒110-0005　東京都台東区上野3-24-6
印刷所	中央精版印刷株式会社
本文DTP	アド・クレール

●この本に関する各種お問い合わせ先
内容等のお問い合わせは、下記サイトのお問い合わせフォームよりお願いします。

不良品(落丁、乱丁)については　☎0570-092555
業務センター　〒354-0045　埼玉県入間郡三芳町上富279-1

在庫・注文については書店専用受注センター　☎0570-000346

ワン・パブリッシングの書籍・雑誌についての新刊情報・詳細情報は、下記をご覧ください。
https://one-publishing.co.jp/